PALAIS CONSULAIRE D'ALGER

CÉRÉMONIE DE LA POSE

DE LA

PREMIÈRE PIERRE

29 JUIN 1889

ALGER

TYPOGRAPHIE ADOLPHE JOURDAN

4, Place du Gouvernement, 4

1889

PALAIS CONSULAIRE D'ALGER

CÉRÉMONIE DE LA POSE

DE LA

PREMIÈRE PIERRE

29 JUIN 1889

ALGER

TYPOGRAPHIE ADOLPHE JOURDAN

4, Place du Gouvernement, 4

1889

PALAIS CONSULAIRE D'ALGER

CÉRÉMONIE DE LA POSE

DE LA

PREMIÈRE PIERRE

29 JUIN 1889

Le 29 juin, à cinq heures de l'après-midi, les invités de la Chambre de commerce se réunissaient sur les chantiers des travaux du Palais Consulaire, pour la pose de la première pierre de cet édifice.

Ont assisté à la cérémonie qui a été présidée par M. Alexandre HENRI, Président honoraire de la Chambre de commerce :

MM.

TIRMAN, Gouverneur général de l'Algérie.

PAUL, Préfet d'Alger.

DURIEU, Secrétaire général du Gouvernement.

GUILLEMIN, Maire d'Alger.

MM.

HENRI, Président honoraire de la Chambre de commerce.

WAROT, Président de la Chambre de commerce.

AUMERAT, Président de la Commission départementale.

CASTAN, Président du Tribunal de commerce.

LEROUX, Rédacteur du *Moniteur de l'Algérie*.

PLUQUE, Adjoint au Maire.

TINÉ, Juge au Tribunal de commerce.

MERCIER, Vice-Président de la Chambre de commerce.

LEGENDRE, Sous-Directeur de la Banque de l'Algérie.

RATTIER, Architecte du Gouvernement.

JOURDAN, Juge au Tribunal de commerce.

J. PONS, Juge au Tribunal de commerce.

FREDOUILLE, Président du Syndicat des Courtiers inscrits.

REY, Juge au Tribunal de commerce.

F. DULIOUST, Membre de la Chambre de commerce.

F. CLAIRIN, Membre de la Chambre de commerce.

Ch. HENRI, Directeur de la Compagnie Touache.

SIMERAY, Membre de la Chambre de commerce.

THUMIN, Capitaine du port.

Ad. BERTHOUD, Secrétaire de la Chambre de commerce.

GAVAULT, Architecte.

J. FÉRAUD, Directeur des Vapeurs algériens.

F. NELSON-CHIÉRICO, Directeur de la Banque de l'Algérie.

H. PETIT, Architecte du Palais Consulaire.

BRUNO JOUVE, Architecte.

MM.

CHARPENTIER, Adjoint au Maire d'Alger.

MARGEREL, Juge au Tribunal de commerce.

MARTEL, id. id.

ANDRÉ, ancien Commissaire de Marine.

RAMBERT, Président honoraire des Courtiers.

MOULOUD BEN SAÏD, Membre de la Chambre de commerce.

THOMAS, Juge au Tribunal de commerce.

THIBAUT frères, Agents de la Compagnie Havraise.

TINGRY, Directeur du laboratoire municipal.

SION, Garde-mine.

RICOME, Courtier inscrit.

D. MIQUEL, Représentant de commerce.

BAUBIL et THOMAS, Entrepreneurs de peinture.

H. DE VIALAR, Officier d'ordonnance du Gouverneur général.

JULIEN SAS, Directeur de la Compagnie Algérienne.

WIERCENSKI, Secrétaire de la Présidence du Tribunal de Commerce.

GIRAUD, Trésorier de la Chambre de Commerce.

NARBONNE, Membre de la Chambre de commerce.

PH. BERGER, ancien membre id.

BERLANDIER, Avoué.

DURAND, ancien membre de la Chambre de Commerce.

SERPAGGI, Adjoint au Maire.

DESCAMPS, Ingénieur de la Ville.

EHRENPFORT, Membre de la Chambre de commerce.

MM.

Flobert, Directeur des Cours commerciaux.
Neilson, Employé de la Chambre de commerce.
Braham ben Omar,   id.   id.

————

Aussitôt après l'arrivée de M. le Gouverneur, M. le
Président de la Chambre prononce le discours dont le
texte suit :

Messieurs,

Votre empressement à vous rendre à notre appel, le
concours des personnes ici présentes, appartenant à
toutes les fractions de la population d'Alger, depuis les
premiers fonctionnaires de l'État, du département et
de la cité jusqu'aux ouvriers qui coopèrent de leur
travail manuel à l'édification du Palais consulaire,
donnent l'expression exacte du sentiment qui domine
dans cette fête. C'est une bonne journée pour nous
tous qui sommes de la population algérienne et trou-
vons dans la construction de cet édifice une impor-
tante satisfaction donnée aux besoins économiques les
plus impérieux de la cité et de la colonie.

Ce n'est pas en m'adressant à des auditeurs tels que

vous, messieurs, que j'ai à faire l'exposé des services
que le futur Palais Consulaire est appelé à rendre à
notre société, essentiellement commerçante, industrielle
et agricole. Cette maison sera le palais des affaires, de
nos affaires à nous tous, qui sont celles du pays, puis-
qu'un pays ne peut bien faire les siennes et prospérer,
qu'à la condition que ses citoyens fassent les leurs et
travaillent fructueusement. Ces services sont d'ordre
particulier par la nature et la diversité des intérêts
qu'ils concernent, mais ils sont aussi d'ordre public
parce que la fortune générale du groupe social est en
raison directe de la plus grande somme de satisfaction obtenue par la fortune privée, dans les travaux du
commerce, de l'industrie et de l'exploitation féconde
des richesses du sol.

Comment se fait-il que ce ne soit qu'aujourd'hui
qu'Alger pose la première pierre de son Palais Consulaire? On peut se le demander en présence de l'im-
posant développement acquis par notre cité et notre
colonie, du mouvement commercial de notre port, de
la progression rapide du chiffre de notre population et
de celui de nos relations. Comment se fait-il que l'on
ait si longtemps attendu et que cet édifice, qui aurait
dû être un des premiers de notre installation de civili-
sation, de paix et de travail, ait été devancé par tant
d'autres, dont, sans dénigrement, l'établissement eût
pu paraître d'une urgence moins capitale?

Pourquoi? Je voudrais que notre vénérable doyen,
M. le Président honoraire de la Chambre de commerce,
qui a été son chef pendant vingt-cinq années, prît la

parole à ma place pour faire la narration, avec son
expérience et ses souvenirs, de la légende que comporte
la réponse à faire à cette question venue à la pensée de
tous. Il vous dirait, en traçant l'historique de vingt-cinq
années d'efforts incessants et laborieux, comment et
pourquoi une création si utile, et si universellement
réclamée, a pu mettre un quart de siècle à éclore. Puis-
que je suis appelé à le remplacer dans une tâche qu'il
lui appartenait de remplir comme le premier combattant
dans cette longue lutte, je vais essayer, en termes suc-
cincts, car il faudrait un volume pour être complet, de
retracer les principales phases de cette négociation
aussi patiente que tourmentée.

L'existence légale d'une Bourse de commerce à
Alger date de loin. Elle résulte d'un décret du 16 avril
1852, rendu peu de temps après la loi d'union com-
merciale avec la métropole du 16 juin 1851 dont l'Algérie attendait avec raison les meilleurs effets pour
son expansion coloniale. La Bourse n'existait pas seulement à l'état de formule administrative. Elle avait
un domicile. Un modeste bâtiment en charpente, placé
à l'endroit où se trouve actuellement le café de Bor-
deaux, constituait son local, très insuffisant sans doute,
mais démontrant au moins que, dès cette époque, il
importait au progrès économique et au développement
des intérêts commerciaux que les négociants de notre
place possédassent un centre commun de réunions
journalières.

La baraque qui servait de Bourse succomba en 1862.
Sa démolition résulta des allotissements parcellaires

créés par la construction du Boulevard. Elle occupait un terrain appelé à être approprié à d'autres destinations. La Chambre de commerce se résigna facilement à cet abandon, parce qu'elle le croyait tout à fait provisoire et pensait bien qu'elle ne pouvait avoir qu'à gagner au change. Aussi, peut-on dire qu'à partir de ce moment, la question de la bourse exista et qu'elle figura, constamment, dans les préoccupations, les réclamations, les propositions du commerce algérien et de l'Assemblée qui les représente. Ce fut une affaire qu'elle ne perdit jamais de vue et qu'elle continua de poursuivre au travers d'une interminable série d'incidents dont il nous était réservé, en 1889 seulement, de clore la volumineuse nomenclature.

D'abord, on songea à établir la bourse par voie de location. La Chambre dut reculer devant l'élévation du prix du loyer à payer pour un local qui n'aurait jamais réuni les conditions nécessaires. Puis vers 1868, on pensa qu'il était indispensable de réunir dans un même local tous les services commerciaux et consulaires. L'édifice à construire devrait comprendre outre la Chambre, le Tribunal de commerce, l'Administration des faillites, les Syndicats de Courtiers maritimes et en marchandises, le Conseil des Prud'hommes, un bureau télégraphique supplémentaire, etc. Désormais, ce n'était plus d'une Bourse mais bien d'un Palais consulaire qu'il s'agissait.

La Chambre appela sur cette proposition l'attention du Gouverneur général qui était alors le maréchal de Mac-Mahon. Elle sollicita l'abandon des terrains situés sur le boulevard nord entre les deux mosquées, abandon que la ville lui a finalement concédé.

Les plans du tribunal et de la Bourse furent, alors, soumis à l'administration avec le devis des dépenses à faire. Une transaction fut préparée entre la Chambre et l'Ingénieur en chef des Ponts-et-Chaussées pour être soumise à l'appréciation du Gouverneur général. Cette transaction devait devenir l'objet d'un projet de loi présenté à l'adoption des corps législatifs.

La combinaison financière, basée sur un droit de navigation, consistait à emprunter 500,000 fr. applicables à l'édification projetée et 1,500,000 fr. à l'achèvement du port d'Alger. Il y avait espoir, à cette époque, que la Chambre de commerce, après quinze années de persévérance, ne tarderait pas à voir son œuvre arriver à bonne fin, au grand avantage du commerce et de la ville d'Alger.

L'échéance de ces espérance fut, d'abord, ajournée par contre-coup des douloureuses catastrophes qui frappèrent la patrie ; puis elles furent complètement déçues en 1876, par une décision du Ministre de l'agriculture et du commerce, qui renversa de fond en comble l'économie du projet en invoquant la loi du 19 mai 1866, laquelle dispose que la marine marchande ne doit être imposée que pour des travaux d'utilité publique intéressant directement la navigation. Au moment où l'on pouvait croire que le projet était sur le point d'aboutir, tout le programme des voies et moyens d'exécution était irrémédiablement condamné.

Après, commencent les multiples et laborieuses négociations survenues entre la Chambre et les municipalités· successives d'Alger depuis 1867 jusqu'en 1885 sur la question de la concession territoriale. Accord, dénonciation, ententes nouvelles, nouvelle dénonciation ; enfin, le 4 novembre 1885, signature du traité par lequel la commune cède à la Chambre de commerce le terrain sur lequel l'édifice devra être construit.

C'était un point considérable, acquis. Il ne restait plus à ce moment qu'une formidable liste de formalités à accomplir. Deux conférences entre les différents services, de l'Armée, du Domaine, des Ponts et Chaussées et de la ville ; une enquête pour la déclaration d'utilité publique en vue des expropriations, puis, le chapitre des voies et moyens devant aboutir à une loi autorisant la perception des centimes supplémentaires aux patentes de la ville d'Alger, dans laquelle la Chambre devait chercher le complément des ressources affectables à l'édification du monument.

Ces opérations ont fait l'objet des négociations constantes et des travaux opiniâtres de la Chambre pendant le cours de ces quatre dernières années. D'abord, un concours ouvert en 1885, suivi d'une exposition publique du 26 février au 5 mars 1886, a déterminé l'adoption par délibération du 5 avril 1886, du projet du Palais consulaire exposé par M. Henri Petit. La Chambre dès lors possédait le terrain pour bâtir et le plan du monument à édifier. Restaient les pourparlers administratifs avec les services locaux et ministériels et les voies et moyens d'exécution financiers.

L'arrêté préfectoral fixant les alignements et les ni-
vellements des rues qui devront circonscrire l'édifice,
fut pris à la date du 13 janvier 1887. L'enquête d'utilité publique pour l'expropriation des immeubles tom-
bant dans le parcours des rues à créer et dans le péri-
mètre du Palais, fut ouverte du 20 au 27 mars de la
même année. A la date du 17 septembre, fut pris par
M. le Gouverneur général, l'arrêté déclarant d'utilité publique, l'ouverture de ces rues et la prise de possession
d'urgence des immeubles.

Simultanément, la Chambre s'occupait activement de
la présentation du projet de loi devant lui assurer la
disposition de la partie des ressources applicables à
la construction de l'édifice qui devait nécessairement
être demandée aux contribuables commerçants de la
ville d'Alger.

Mais, je craindrais de fatiguer votre attention en
prolongeant un résumé qui deviendrait oiseux, s'il
énonçait toutes les démarches, les remaniements de
projets, les détails de ces négociations, qui se trai-
taient à distance par voie de correspondance et se
heurtaient à quelque écueil inattendu au moment où
l'on se croyait tout près de toucher au port.

Nous arrivons au dénouement, c'est-à-dire au vote
de la Chambre des députés du 7 février dernier, qui a
permis enfin à la Chambre d'entrer dans la phase de
la réalisation active. Vingt-sept années se sont écoulées
depuis la démolition de la modeste baraque en planches
qui servait, dans les premiers temps, de Bourse de commerce aux négociants d'Alger.

Le succès de nos persévérants efforts dans les ministères aussi bien que devant les Chambres souveraines
doit revenir, en grande partie, au concours puissamment
efficace des représentants du département d'Alger au
Parlement et à celui de M. Tirman, notre Gouverneur
général, chez qui, nous avons rencontré en toute cir-
constance un bienveillant et sympathique appui. Nous
devons, notamment, l'expression de notre gratitude à
M. le sénateur Mauguin, dont les fréquentes et actives
démarches près des administrations métropolitaines et
parlementaires, ont activé grandement la marché de
l'affaire trop souvent arrêtée et retardée, sans que nous
eussions entre les mains les moyens de réagir directement contre les causes diverses de ces renvois, de ces
délais.

Nous devons bien reconnaître, au surplus, que ni dans
les bureaux, ni ailleurs, nous n'avons eu à surmonter
aucune opposition de mauvais vouloir contre le projet
présenté ou les combinaisons financières que sa réalisation comportait.

En Algérie, aussi bien qu'en France, l'accord était
unanime. A la Mairie, à la Préfecture, au Gouvernement général, comme dans les Ministères, nous ne
saurions dire que nous ayons rencontré l'expression
d'une hostilité quelconque, et nous devons à tous les
fonctionnaires entre les mains de qui ont passé les
dossiers, les plans, les devis pour en faire l'instruction
régulière et légale, nos remerciements sincères et la
déclaration qu'ils ont toujours fait leur possible pour
nous ouvrir les voies et faciliter les solutions.

Messieurs,

La première pierre est aujourd'hui posée et nous avons le droit d'émettre l'espoir que rien n'arrêtera plus l'édification de l'œuvre commencée. Dans deux années, suivant des prévisions solidement établies, nous aurons à vous convoquer de nouveau pour son couronnement, son inauguration et l'ouverture de son fonctionnement public. C'est presque un rendez-vous que je vous donne, non pas ici, s'il vous plaît, mais à quelques étages plus haut que l'endroit où nous sommes, pour célébrer ensemble la remise solennelle de cet édifice au commerce algérien,

Au cri patriotïque de :

Vive la République !

Vive la France !

Vive l'Algérie !

M. Henri descend, ensuite, de l'estrade et aux applaudissements des assistants scelle, avec une truelle et du ciment, une pierre de taille dans laquelle est ménagée une cavité où a été déposée une boîte en métal contenant, outre le procès-verbal de la cérémonie revêtu de la signature de tous les assistants, 5 pièces d'argent et 7 pièces en cuivre, représentant la somme de 10 francs et frappées au millésime de 1889.

Cette pierre se trouve encastrée dans le deuxième pilier, à partir du Boulevard, des fondations de la façade latérale, à la cote de 4 mètres 17 centimètres au-dessus du niveau de la mer.

Après le scellement de la pierre, qui porte extérieurement l'inscription commémorative 1889, M. Tirman, Gouverneur général de l'Algérie, prononce un discours dans lequel il rappelle les difficultés rencontrées par l'instruction administrative et financière du projet, la patiente et laborieuse persévérance avec laquelle la Chambre de commerce les a surmontées, la part qu'il a prise lui-même à cette lutte dont il proclame M. Henri le héros.

L'assistance accueille cette éloquente allocution par une salve d'applaudissements. Après quelques paroles adressées aux ouvriers du chantier, présents à cette fête, lesquelles sont suivies de vivats énergiques, M. le Gouverneur se retire et la cérémonie est terminée.

www.ingramcontent.com/pod-product-compliance
Lightning Source LLC
Chambersburg PA
CBHW050814070726
47595CB00015B/3778